Martin Luther King (1929-1968) gilt bis heute weltweit als die Stimme des friedlichen Widerstands und des zivilen Ungehorsams, nicht nur im Kampf für die Rechte der schwarzen Bevölkerung, sondern auch im aktiven Protest gegen Krieg und Ungerechtigkeit. Der Weg des gewaltlosen Widerstands war für ihn allerdings »keine Methode für Feiglinge«. Er selbst und seine Familie wurden ständig bedroht, er saß mehrmals im Gefängnis und wurde schließlich im April 1968 von einem weißen Attentäter erschossen. Vier Jahre zuvor war ihm der Friedensnobelpreis verliehen worden.

Bestsellerautor Alois Prinz erzählt die Geschichte dieses außergewöhnlichen Mannes, der seine Gegner bis zuletzt als »Brüder« sah, mit denen er Versöhnung suchte.

Alois Prinz, 1958 geboren, studierte Literaturwissenschaft und Philosophie und lebt nahe München. Er veröffentlichte mehrere Biografien, u.a. über Georg Forster, Hermann Hesse, Ulrike Marie Meinhof, Franz Kafka, Hannah Arendt und Teresa von Ávila. Er wurde für seine Bücher u.a. mit dem Deutschen Jugendliteraturpreis und dem Evangelischen Buchpreis ausgezeichnet. Seine Hannah-Arendt-Biografie war ein Bestseller.

insel taschenbuch 4630
Alois Prinz
Martin Luther King

Alois Prinz

MARTIN LUTHER KING

Insel Verlag

2. Auflage 2023

Erste Auflage 2018
insel taschenbuch 4630
© Insel Verlag Anton Kippenberg GmbH & Co. KG,
Berlin 2018
Umschlag: Rothfos & Gabler, Hamburg
Umschlagfoto: Flip Schulke, Getty Images, München
Druck: CPI books GmbH, Leck
Printed in Germany
ISBN 978-3-458-36330-9

www.insel-verlag.de

MARTIN
LUTHER
KING

1. *Martin Luther King beim Marsch auf Washington, D.C.,*
   28. August 1963

VORWORT

I have a dream
EIN EXTREMIST DER LIEBE – MARTIN LUTHER KING

»I have a dream« – dieser Satz fällt einem unwillkürlich ein, wenn an Martin Luther King erinnert wird. Dazu gehören die Bilder von der großen Demonstration für die Bürgerrechte der schwarzen Bevölkerung am 28. August 1963 in Washington. Die riesige Menschenmenge unterhalb des Denkmals für Abraham Lincoln. Der eher kleine, dunkelhäutige Mann mit dem runden Kopf und dem Oberlippenbart vor dem Rednerpult mit den Mikrofonen. Er war der letzte in einer langen Liste von Rednern an diesem glutheißen Nachmittag. Er wusste, dass ihm nicht nur die Zehntausende von Menschen vor Ort zuhörten, sondern Millionen vor den Fernsehapparaten. Den ersten Sätzen, die er sprach, merkte man noch seine Nervosität an. Dann wurde seine Stimme fester und steigerte sich zu jenem pathetischen Ton, der sein Markenzeichen war. »Denke daran, dass du nur ein Kanal der Wahrheit bist und nicht die Quelle«, ermahnte sich King stets, bevor er eine Predigt oder eine Rede hielt. Und in der Tat erschien es vielen so, als kämen seine Worte von woanders her und erreichten durch ihn hindurch die gebannt zuhörenden Menschen. Er beschwor eine Welt, die nicht mehr von Rassenhass zerrissen ist. Eine Welt, in der schwarze und weiße Kinder friedlich zusammenleben und nicht mehr nach ihrer Hautfarbe, sondern nach ihrem Charakter beurteilt werden. Eine Welt, in der alle Religionen, Rassen und Nationen sich brüderlich die Hände reichen. »I have a dream« – war er ein Träumer, dieser Martin Luther King?

Spätestens nach der Rede auf den Stufen des Lincoln Memorial galt Martin Luther King als Wortführer der schwarzen Bürgerrechtsbewegung. Er wurde ins Weiße Haus eingeladen, er wurde mit Auszeichnungen und Ehrungen überhäuft, und 1964 wurde ihm sogar in Oslo der Friedensnobelpreis verliehen.

Das waren die glanzvollen Höhepunkte seines kurzen Lebens, eines Lebens, das eine dunkle Kehrseite hatte. Fast täglich bekam er Drohbriefe, in denen er als »dreckiger Nigger« beschimpft wurde. Er und seine Familie lebten in dauernder Angst vor Anschlägen. Weiße Rassisten warfen eine Bombe auf sein Haus. Der amerikanische Geheimdienst, das FBI, denunzierte ihn als gefährlichen »Kommunisten« und »schamlosen Betrüger«. Wenn er eine Demonstration anführte, musste er damit rechnen, von Polizeihunden gebissen, von Steinen getroffen, von Wasserwerfern umgerissen zu werden. Viele Male wurde er grundlos verhaftet, von Polizisten misshandelt, an die zwanzig Mal saß er im Gefängnis. Und schließlich wurde er im Alter von nur neununddreißig Jahren von einem bezahlten Killer erschossen.

Wie kann es sein, dass ein Mann, der sich selbst keinen Hass erlaubte und Gewalt strikt ablehnte, so gehasst wurde? Was er forderte, musste für jeden christlich oder humanistisch denkenden Menschen selbstverständlich sein: dass nämlich alle Menschen gleichwertig sind und gleich behandelt werden müssen. Das war der »Scheck«, den Abraham Lincoln ausgestellt hatte, als er die Sklaverei abschaffte. Als King vor dem Hintergrund der gewaltigen Lincoln-Statue seine berühmte Rede hielt, forderte er die Regierung dazu auf, diesen Scheck endlich einzulösen.

Zum Gründungsmythos der Vereinigten Staaten gehört aber auch der Glaube, dass jeder Mensch das Recht hat, sich zu wehren. Tief verwurzelt im Volk ist der Pioniergeist der ersten Siedler, die das Land erobert und ihr Recht mit Gewalt verteidigt haben. Die Bedeutung, die Schusswaffen noch heute in den USA haben, gehört zu dieser Tradition. Die Idee eines gewaltlosen Protestes steht dieser Tradition diametral entgegen. Dabei ist es für Martin Luther King eine unbestreitbare Tatsache, dass sich mit Gewalt nie ein Konflikt lösen lässt. Die Geschichte der Menschheit liefert unzählige Beweise dafür. Immer endete der Einsatz von Gewalt mit neuer Gewalt und Zerstörung. Immer zielte Gewalt darauf ab, den Gegner zu demütigen, der auf diese Erniedrigung mit neuer Gewalt reagierte. Immer schuf Gewalt mehr Probleme, als sie löste. Immer konnte man mit Gewalt einen kurzzeitigen Triumph feiern, aber nie einen dauerhaften Frieden schaffen. Immer bedeutete Gewalt das Ende von Verständigung und von Dialog.

Trotz dieser immer wieder gemachten Erfahrung hörten die Menschen nicht auf, Konflikte mit Gewalt lösen zu wollen. Philosophen und Denker erklärten diese scheinbare Zwangsläufigkeit damit, dass Gewalt in der Natur des Menschen liege. Martin Luther King weigerte sich zu akzeptieren, dass der Mensch einem naturhaften Trieb zur Gewalt ausgeliefert ist. Er war überzeugt davon, dass jeder aus dem Teufelskreis der Gewalt aussteigen kann. Jesus von Nazareth, der Apostel Paulus, Franz von Assisi, der Urwalddoktor Albert Schweitzer, Mahatma Gandhi oder andere namenlose friedfertige Helden waren für ihn der Beweis dafür. Sie waren Rebellen, aber gewaltlose Rebellen. »Extremisten der Liebe« nennt King sie einmal. Der Weg des gewaltlosen Widerstands, den sie gingen, ist für King »keine Methode für Feiglinge«. Wer nur aus Angst gewaltlos ist oder wer nur friedlich ist, weil ihm die Waffen fehlen, der ist in Wahrheit nicht für diese Form des zivilen Ungehorsams geeignet. Wer Widerstand leistet, ohne Gewalt anzuwenden, nimmt Unrecht nicht passiv hin. Er ist geistig höchst aktiv, versucht, seine Feinde zu verstehen, ja zu lieben. Und er muss lernen, Demütigungen zu erdulden, Schläge hinzunehmen, ohne zurückzuschlagen. Das erfordert eine Stärke, die man durch Erziehung fördern kann, die man einüben muss und die sich dann in konkreten Situationen bewähren kann. Aber nur auf diesem Weg ist für Martin Luther King ein dauerhafter Friede, wahre Verständigung und Brüderlichkeit erreichbar. War er ein Träumer?

Fünfzig Jahre nach Martin Luther Kings großer Rede stand wieder ein Afroamerikaner an derselben Stelle im Schatten des Lincoln-Denkmals. Es war der erste »farbige« Präsident der Vereinigten Staaten, Barack Obama. Er nannte King einen »Helden« und bekannte, dass man von einer Gleichstellung der schwarzen

Bevölkerung in Wirtschaft und Gesellschaft immer noch weit entfernt sei. Der Traum Kings müsse aber der Traum eines jeden Amerikaners, ja der Traum aller Menschen bleiben. Er erfülle sich aber nicht von alleine, sondern brauche Menschen, die im Sinne Kings daran weiterarbeiten.

WEGE NACH MONTGOMERY

An einem kalten Januartag des Jahres 1954 fuhr ein junger farbiger Mann mit seinem Auto von seinem Geburtsort Atlanta im Bundesstaat Georgia nach Montgomery in Alabama. Erst vor kurzem war er fünfundzwanzig Jahre alt geworden. An der Universität Boston musste er nur noch seine Doktorarbeit fertig schreiben, dann war seine Studienzeit beendet, und er konnte sich Dr. Martin Luther King nennen. Eigentlich hieß er, wie sein Vater, Michael King. Aber sein Vater, ein Pfarrer der Baptistenkirche, war nach einem Deutschlandbesuch so beeindruckt gewesen von den Worten und Taten des Martin Luther, dass er beschloss, sich und seinen fünfjährigen Sohn nach dem deutschen Reformator zu benennen. Martin Luther King senior und junior. Sein Vater war es auch, der sich gewünscht hatte, dass sein Sohn ein Geistlicher wird, um die lange Tradition von Baptistenpredigern in der Familie fortzusetzen. Martin hatte sich lange gesträubt. Die Art, wie in der Kirche seines Vaters die Gottesdienste gefeiert wurden, war ihm zu gefühlsbetont. Zu viel Leidenschaft, zu wenig Verstand. Er wollte lieber Anwalt oder Arzt werden. Erst am Ende seiner Zeit am Morehouse College hatte er seine Meinung geändert und sich, zur Freude seines Vaters, zum Priester weihen lassen.

Nun musste er sich entscheiden, welchen beruflichen Weg er einschlagen wollte. Eine akademische Laufbahn oder ein Pfarramt. Er hatte Angebote von mehreren Universitäten, als Hochschullehrer zu wirken. Doch auch die Vorstellung, Pfarrer einer Gemeinde zu werden, reizte ihn. Die Dexter Avenue Baptist Church in Montgomery suchte einen neuen Pastor, und er war geladen worden, eine Probepredigt zu halten. Die Kirche lag im Zentrum der Stadt, schräg gegenüber dem Regierungssitz, einem imposanten Gebäude mit Kuppel und einer Säulenhalle. Als Martin Luther King am Sonntag vor die Gemeinde trat, waren viele erstaunt darüber, wie jung der Prediger aussah. »Was, dieser kleine Junge soll mein Pastor sein?«, meinte später eine Frau. Als dieser junge Mann dann über die »drei Dimensionen des Lebens« sprach, hätte man meinen können, dass er schon zehn Jahre älter ist, so klug und eindringlich waren seine Worte. Einen Monat später erhielt King einen Brief, in dem man ihm mitteilte, dass die Gemeinde sich einstimmig für ihn als neuen Pfarrer ausgesprochen habe.

King zögerte mit einer Zusage. Lange besprach er sich mit seiner Frau Coretta. Die beiden hatten sich in Boston kennengelernt und waren erst seit zehn Monaten verheiratet. Coretta stammt aus der Kleinstadt Marion in Alabama. Sie studierte am Konservatorium in Boston Musik und stand kurz vor ihrem Abschluss. Ihre Chancen, einmal als Lehrerin zu arbeiten, waren in den nördlichen Bundesstaaten ungleich größer als im Süden. Außerdem schätzte sie ebenso wie Martin das freiere Leben im Norden. Beide waren im Süden aufgewachsen und hatten schlimme Erinnerungen an die Rassentrennung in ihrer Heimat. Martin vergaß nie, was für ein Schock es für ihn gewesen war, als er das erste Mal erlebte, was es heißt, in den Südstaaten ein »Neger« zu sein.

Als Dreijähriger war sein bester Freund ein weißer Junge aus der Nachbarschaft gewesen. Sie waren unzertrennlich und spielten jeden Tag miteinander. Dann kamen sie in die Schule, der eine in eine für schwarze Kinder, der andere in eine für weiße. Von da an war es seinem Freund verboten, weiterhin mit Martin zu spielen. Der konnte das nicht verstehen und fragte seine Mutter. Die erzählte ihm davon, wie seine Vorfahren aus Afrika nach Amerika verschleppt worden waren, wie sie als Sklaven auf den Baumwoll-

2. *Rassismus im Alltag: getrennte Warteräume*

feldern arbeiten mussten, wie es zum Bürgerkrieg kam und Abraham Lincoln die Sklaverei abschaffte. Warum es immer noch Unterschiede zwischen Schwarz und Weiß gab und warum Martin seinen Freund nicht mehr treffen durfte, das konnte sie nicht erklären. Sie konnte ihrem Sohn immer nur wieder versichern, dass er ebenso gut und wertvoll sei wie andere Kinder.

Die täglichen Erfahrungen in den folgenden Jahren machten es ihm schwer, an diese Gleichwertigkeit zu glauben. Überall waren Schilder mit der Aufschrift »White only«. In der Eisdiele musste er einen Seiteneingang benutzen und bekam immer nur das Eis, das gerade übrig war. Er durfte nicht dieselben Schulen besuchen wie die Weißen, durfte nicht in denselben Geschäften einkaufen, nicht in denselben Parks spazieren gehen oder dieselben Toiletten benutzen. Im Kino und im Bus musste er hinten sitzen oder stehen. Polizisten nannten ihn »nigger« oder »boy«. Und einmal, als er es auf einer Zugfahrt wagte, in den Speisewagen zu gehen, wies man ihm einen Platz hinter einem Vorhang zu. War er so abstoßend, dass man weißhäutige Menschen vor seinem Anblick schützen musste? Musste sich nicht jeder, der so behandelt wurde, zwangsläufig minderwertig fühlen? Der junge

Martin Luther King hasste alle Weißen. Seine Einstellung änderte sich erst, als er darüber nachzudenken begann, wer eigentlich verantwortlich dafür war, dass sein bester Freund aus der Kinderzeit mit ihm, dem schwarzen Nachbarsjungen, brechen musste.

MRS ROSA PARKS UND DIE FOLGEN

Trotz aller Bedenken beschlossen Martin Luther King und seine Frau Coretta, nach Montgomery zu gehen. Im September 1954 bezogen sie das Pfarrhaus. Martin brachte gleich frischen Wind in seine Gemeinde, indem er Komitees gründete, unter anderem eines, in dem sich die Mitglieder über die sozialen und politischen Probleme der Stadt informieren sollten. In seiner Studienzeit hatte Martin auch Bücher von Karl Marx gelesen, und er gab ihm recht, dass eine Religion, die nur auf ein Jenseits vertröstet, nichts anderes ist als »Opium des Volkes«. Seiner Überzeugung nach fordert die christliche Botschaft dazu auf, sich um »Himmel und Erde« zu kümmern, das heißt um das Seelenheil der Menschen *und* um ihre sozialen, politischen und wirtschaftlichen Verhältnisse. Eine Religion, die nur auf das »Himmlische« ausgerichtet ist, war für ihn »staubtrocken«, »saft- und kraftlos«.

In einer Stadt wie Montgomery gab es eine Menge Dinge, die nicht in Ordnung waren. Das Problem war nur, dass sich die meisten mit den Missständen abgefunden hatten. Montgomery galt als friedliche Stadt – »friedlich« im Sinne der mehrheitlich weißen Bevölkerung, die wollte, dass alles so blieb, wie es war. Viele der weißen Bürger glaubten, dass die Trennung der Rassen gottgewollt ist oder die Natur es so eingerichtet hat, dass die Weißen die Herren und die »Schwarzen« die Diener und Sklaven sind. Umgekehrt hatte sich bei vielen »Schwarzen« das Gefühl der Minderwertigkeit so verfestigt, dass sie ihr Los unterwürfig hinnahmen. Andere waren zwar unzufrieden, fürchteten aber, ihre Arbeit zu verlieren, wenn sie Ärger machten. Und jene, die abgesichert waren und es zu einem gewissen Wohlstand gebracht hatten, waren schlichtweg gleichgültig.

Empörung kam immer nur auf, wenn die Ungerechtigkeiten besonders eklatant waren. Wenn der rassistische Geheimbund des Ku-Klux-Klan unter der schwarzen Bevölkerung Angst und Schrecken verbreitete. Oder wenn die Gerichte Urteile fällten, die himmelschreiend ungerecht waren wie im Fall des Jeremiah Reeves. Der junge Farbige wurde angeklagt, eine weiße Frau vergewaltigt zu haben. Obwohl Reeves seine Unschuld beteuerte und es keine Beweise gab, wurde er von den Gerichten zum Tode verurteilt. Umgekehrt wurden weiße Männer, die nachweislich schwarze Mädchen vergewaltigt hatten, oft nicht einmal verhaftet, geschweige denn vor Gericht gestellt.

Besonders demütigend war es für schwarze Bürger, mit dem Bus zu fahren. Sie durften nur auf den hinteren Plätzen sitzen, mussten aber vorne beim Fahrer ihren Fahrschein lösen. Weil es ihnen verboten war, durch die Reihe der weißen Fahrgäste zu gehen, mussten sie wieder aussteigen, um durch die hintere Tür erneut in den Bus zu kommen. Dabei wurden sie oft als »schwarze Affen« beschimpft. Oder der Fahrer machte sich einen Spaß, schloss die Türen zu früh und fuhr davon, ehe sie einsteigen konnten. Offenbar hatte sich unter der friedlichen Oberfläche Montgomerys doch eine Menge Unmut angestaut. Denn es war ein kleines, scheinbar unbedeutendes Ereignis, das zu einer Explosion führte – einer Explosion, deren Auswirkungen auf der ganzen Welt zu spüren sein sollten.

Die zweiundvierzigjährige farbige Rosa Parks bestieg am Donnerstag, den 1. Dezember 1955 abends den Bus im Geschäftsviertel von Montgomery und setzte sich auf einen der für Schwarze vorgesehenen Sitze. Als der Bus immer voller wurde, forderte der Fahrer sie auf, ihren Platz für einen weißen Fahrgast frei zu machen. Alle Sitze im hinteren Teil waren aber besetzt, und sie hätte die lange Heimfahrt stehend ertragen müssen. Rosa Parks weigerte sich. Sie war keine rebellische Natur. Sie hatte den ganzen Tag in einem Warenhaus als Näherin gearbeitet und war müde und erschöpft. Normalerweise hielt sie sich an die Vorschriften, auch wenn sie noch so erniedrigend waren. Doch in diesem Augenblick war sie es leid, schikaniert und herumgeschubst zu werden. Der Busfahrer holte die Polizei, und Rosa Parks wurde verhaftet. Später wurde sie vor Gericht gestellt, für schuldig befunden und zu einer Geldstrafe verurteilt.

Am Morgen des nächsten Tages hörte bei den Kings das Telefon nicht mehr auf zu läuten. Martin und Coretta waren vor zwei Wochen Eltern einer Tochter geworden, die sie Yolanda nannten, und hatten seit-

her wenig geschlafen. Am Telefon waren Gemeinde-
mitglieder, die aufgeregt von Frau Parks' Verhaftung
berichteten und einen Boykott der Busgesellschaft
forderten. King war einverstanden, und er stellte seine Kirche für eine Versammlung zur Verfügung, die
am Abend stattfinden sollte. Angesehene Bürger und
die Pfarrer aller schwarzen Gemeinden fanden sich
ein. Man war entschlossen, einen Boykott durchzuführen. Flugblätter wurden gedruckt und in der Stadt
verteilt, in denen alle farbigen Bürger dazu aufgerufen wurden, am kommenden Montag die Busse nicht
mehr zu benutzen und am Montagabend zu der großen Versammlung in die Holt Street Baptist Church
zu kommen.

Am Montag stand King nach einer schlaflosen
Nacht schon früh auf. Er war skeptisch, ob der Boykott befolgt würde. Als der erste Bus an der Haltestelle
vor seinem Haus hielt, traute er seinen Augen nicht.
Er war leer. Auch in den weiteren Bussen kein einziger farbiger Fahrgast. Die Männer und Frauen gingen zu Fuß, fuhren in einem der »Negertaxis« oder
mit Pferdekarren. Ermutigt durch diesen Erfolg, grün-
deten die Initiatoren des Boykotts eine eigene Organisation, die »Montgomery Improvement Associa-
tion« (MIA). Und bevor Martin Luther King recht

verstand, wie ihm geschah, war er zum Vorsitzenden gewählt. Bei der Massenveranstaltung am Abend sollte er die Rede halten. Nur knapp eine halbe Stunde blieb ihm, um sich darauf vorzubereiten.

Man kann mit gutem Recht sagen, dass mit dieser Rede der charismatische Führer Martin Luther King geboren wurde. Schon Stunden vor Beginn der Versammlung war die riesige Kirche bis auf den letzten Platz besetzt. Draußen standen Tausende, die über Lautsprecher mithörten. Leute vom Fernsehen, vom Rundfunk, von der Presse waren da. King stand vor einer schwierigen Aufgabe. Die Stimmung war aufgeheizt. »Wir sind heute Abend hier«, so King, »um denen, die uns so lange misshandelt haben, zu sagen, dass wir es satthaben. Wir sind es müde, ständig unterdrückt und brutal mit Füßen getreten zu werden.«

Die Zeit war reif für Widerstand. Aber für King kam nur ein Widerstand infrage, der sich an die Grundsätze der christlichen Lehre hält. Von seinen Zuhörern verlangte er viel. Nicht nur sollten sie die Weißen als »Brüder« betrachten. Sie sollten auch nicht zurückschlagen, wenn sie von weißen Rassisten misshandelt wurden. Gewalt und Hass sollten mit Liebe beantwortet werden. »Trotz der Misshandlungen, denen wir ausgesetzt sind«, so King, »dürfen wir nicht bitter werden und müssen aufhören, unsere weißen Brüder zu hassen.«

Während seiner Rede war King immer wieder von Applaus und zustimmenden Zwischenrufen unterbrochen worden. Und als er endete, erhoben sich alle Menschen in der Kirche und jubelten ihm zu. Er hatte die richtigen Worte gefunden. Ein Gefühl der Gemeinschaft, der Einheit war entstanden. Die Haltung, die er vertrat, hatte er sich auf einem langen Weg der Erfahrung und des Studiums erworben. Und jetzt, in der Kirche in Montgomery, hatte er sie das erste Mal in aller Deutlichkeit und Leidenschaft dargelegt.

JESUS UND GANDHI

Die Grundlage für diese Haltung wurde in Kings Elternhaus gelegt. In einem Aufsatz über seine religiöse Entwicklung, den er als Student am Crozer Theological Seminary in Chester verfasst hatte, beschreibt er, dass er in einer sehr liebevollen Familie aufgewachsen sei und es ihm deshalb leichtfalle, an einen

»liebenden Gott« zu glauben.[1] Durch den Beruf seines Vaters war die Kirche seine Heimat und Religion ein selbstverständlicher Bestandteil seines Lebens. Zweifel an der naiven, buchstabengetreuen Gläubigkeit seines Vaters und dessen Gemeinde befielen ihn erst, als er älter wurde. Der Dreizehnjährige sorgte für einen Skandal, als er in der Sonntagsschule die leibliche Auferstehung Jesu bestritt. Und der Graben, der ihn vom Glauben seiner Kindheit trennte, wurde im Studium noch größer. Nicht dass er zum Atheisten wurde – die christliche Botschaft blieb das Fundament. Jedoch wurde sein Glaube weiter und tiefer, indem er sich anderen, kritischen Weltanschauungen aussetzte. Er las Platon, Rousseau, Hobbes, Kant, Hegel, Heidegger, Sartre, Nietzsche, die Bücher von Reinhold Niebuhr und Paul Tillich. Von jedem dieser Denker lernte er etwas. Aber er sah auch sehr genau die Mängel und Grenzen dieser Theorien.

Denker wie Marx machte ihm die Wichtigkeit der sozialen Frage bewusst, und er teilte deren Kritik am Kapitalismus. Nicht akzeptieren konnte er ein materialistisches Weltbild, in dem es keinen Gott gibt. Ohne Gott, so Kings Überzeugung, werden alle Werte willkürlich. Sie richten sich nach den Interessen der Menschen oder nach politischen Zielen wie einem

3. *Martin Luther King (vorne rechts) mit seinen Eltern, seiner Großmutter und seinen Geschwistern*

Tausendjährigen Reich oder einer klassenlosen Gesellschaft. Auch der Mensch wird diesen Interessen und Zielen untergeordnet. Er hat keinen Wert mehr an sich. Er verliert seine Würde, wird Mittel zum Zweck. Die Freiheit und Würde eines Menschen sind aber Werte, die für King keinesfalls aufgegeben werden durften.

Die entscheidende Frage für King war, wie man die Werte der Bibel und politisches Handeln zusammenbringen kann. Das christliche Gebot, auf Gewalt zu verzichten und seine Feinde zu lieben, hielt er für gut und richtig. Allerdings dachte er lange Zeit, dass dieses Liebesgebot nur zwischen einzelnen Menschen gilt, nicht in der Politik, wo diese Aufforderung offensichtlich weltfremd, wenn nicht gefährlich ist. Auch ein naiver Pazifismus war für King keine Lösung. Wer ihn vertritt, wird leicht selbstgerecht. Er sieht sich auf der Seite des Guten gegen eine böse Welt. Für King ist dagegen jeder Mensch zum Guten wie zum Bösen fähig. Darum muss man ein Freund-Feind-Schema überwinden und zu gemeinsamen Lösungen finden.

Wie ein realistisches Menschenbild und das biblische Liebesgebot Grundlage sein können für soziale Veränderungen, das verstand King erst, als er sich mit den Ideen und Taten Mahatma Gandhis beschäftigte. Gandhi hatte die britische Kolonialmacht in die Knie gezwungen, nicht mit Gewalt, sondern durch Versöhnung. Er hatte Methoden des Protestes entwickelt, die gewaltfrei und doch effektiv waren. Der Widerstand war von Liebe getragen und hatte ein Weltreich zum Einsturz gebracht. Martin Luther King hatte endlich die Lösung für seine Fragen gefunden. Sie hieß Jesus und Gandhi. Von Jesus kam der Geist. Von Gandhi die Methode. Ließ sich dieses Konzept eines gewaltlosen Widerstands auch auf die Situation in Montgomery übertragen?

Klar war für King, dass jetzt der Zeitpunkt gekommen war, wo alles, was er sich geistig erarbeitet hatte, sich in der Realität bewähren musste. Wie die britische Kolonialmacht war auch die Rassentrennung ein ungerechtes System. Wer in diesem System schweigt oder nur redet und nichts tut, macht sich ebenso schuldig wie der, der aktiv hilft, dieses System aufrechtzuerhalten. Wer hinnimmt, dass er unterdrückt wird, schafft einen faulen Frieden und verhilft den Unterdrückern zu einer bequemen Rechtfertigung. Wer seinem Gewissen folgt, muss sich weigern, weiter mit diesem System zusammenzuarbeiten. Er muss sein Recht wahrnehmen, für das Recht einzutreten.

Er muss Widerstand leisten – gewaltlos, mit Herz und Verstand.

EIN LEBEN IN ANGST

Martin Luther King hatte mit seiner Rede die Herzen der Menschen erreicht. Nun ging es darum, den Busstreik weiterzuführen und zu organisieren. Zunächst transportierten Taxis die Menschen. Als die Stadtverwaltung Wege fand, das zu verbieten, wurde ein privater Fahrdienst aufgebaut, der reibungslos funktionierte. Endlich waren auch die Vertreter der Stadt und der Busgesellschaft zu Gesprächen bereit. King trat als Wortführer der schwarzen Minderheit auf. Obwohl seine Forderungen moderat waren – höfliche Behandlung, freie Platzwahl, auch farbige Busfahrer –, wurden sie von der Gegenseite abgelehnt. Die Behörden und die Busgesellschaft rechneten damit, dass der Streik bald zusammenbricht. Aber der Boykott ging weiter, sogar bei Regen und Sturm.

Je länger er andauerte, desto mehr Aufmerksamkeit erhielten die Vorgänge in Montgomery. Im ganzen

Land und weit über die USA hinaus wurde darüber berichtet. Briefe mit aufmunternden Worten und Geldspenden aus der ganzen Welt erreichten King. Aus dem jungen, unbekannten Pfarrer war fast über Nacht eine Symbolfigur geworden. Für die Unterstützer und Sympathisanten des Streiks war er eine Lichtgestalt. Für jene, die an der Rassentrennung mit allen Mitteln festhalten wollten, Ziel ihres Hasses. Zu jeder Tages- und Nachtzeit erhielten Martin und Coretta anonyme Drohanrufe. Viele der Anrufer ergingen sich auch in der Schilderung sexueller Perversionen, von denen sie behaupteten, dass sie unter »Negern« normal seien und deshalb eine Gleichstellung mit den Weißen nicht infrage käme. Vermutlich im Hinblick auf solche hasserfüllten Feinde sprach King von den »kranken weißen Brüdern«.

Den Worten folgten bald Taten. Ende Januar 1956 wurde King verhaftet, angeblich, weil er zu schnell gefahren war. Die Polizisten fuhren mit ihm aus der Stadt, und King glaubte schon, seine letzte Stunde sei gekommen. Er kannte die Geschichten von Schwarzen, die spurlos verschwunden waren und deren Leichen dann Tage später in einem Graben oder an einem Baum hängend gefunden worden waren. Geradezu erleichtert war King, als ihn die Polizisten im Gefäng-

4. *Martin Luther King mit seiner Frau Coretta während des Busboykotts 1956*

nis am Stadtrand ablieferten. Seine Verhaftung sprach sich schnell herum. Bald hatten sich Coretta und zahlreiche Freunde vor dem Gefängnis versammelt. Ralph Abernathy, ein Pastor, der zu Kings bestem Freund und zuverlässigstem Mitarbeiter wurde, zahlte die Kaution, und King wurde entlassen. Er war das erste Mal im Gefängnis gewesen. Diese Erfahrung sollte er noch oft machen.

Eines Tages kam er spätabends von einer Versammlung müde und erschöpft nach Hause, als wieder das Telefon läutete und eine wütende Stimme ihm furchtbare Drohungen entgegenschleuderte. King setzte sich wie zerschlagen in die Küche und glaubte, keine Kraft mehr zu haben, um weiterzumachen. In diesem Moment völliger Verzweiflung und Mutlosigkeit erfüllte ihn plötzlich neue Zuversicht. Später erzählte er, er habe in dieser Nacht am Küchentisch so intensiv wie nie zuvor die »Gegenwart Gottes« erfahren. Fast augenblicklich waren seine Angst und Unsicherheit verschwunden.

Was blieb, war die Sorge um seine Familie. Dazu gab es allen Grund. Am Montag, den 30. Januar 1956 warf jemand eine Bombe auf die Veranda der Kings. Martin war an diesem Abend nicht zu Hause. Coretta hielt sich mit ihrer Tochter Yolanda und einer Freundin im hinteren Teil des Hauses auf. Niemand wurde verletzt, aber der Schock saß tief. Aufgebrachte Schwarze versammelten sich mit Pistolen, Messern und Knüppeln. Es fehlte nicht viel, und sie hätten sich auf die Polizisten gestürzt. King sprach von der zerstörten Veranda aus zu den Leuten und beschwor sie, ruhig zu bleiben und nach Hause zu gehen. »Unsere Waffe ist es, keine zu haben«, meinte er. »Wir halten zu dir, Pastor«, versicherten ihm seine Anhänger.[2] Die Menge blieb friedlich und löste sich auf.

SIEG DER GEWALTLOSIGKEIT

King wusste, dass Gerechtigkeit nur auf zweierlei Wegen zu erreichen war. Durch innere Veränderung und durch Gesetze. Zum einen mussten sich die Menschen von Vorurteilen und Irrtümern befreien. Das galt für Schwarze wie Weiße. Die Unterwürfigkeit der einen war so falsch wie die Überheblichkeit der anderen. Solange die eine Seite gegen die andere kämpfte, war wirklicher Friede unmöglich. Darum musste jedem daran gelegen sein, dass auch sein Gegner sich zum

Guten ändert. »Ich kann niemals so sein, wie ich eigentlich sein sollte«, meinte er, »wenn du nicht bist, wie du sein solltest.«³

Diese innere Veränderung war freilich ein langwieriger Prozess. Kurzfristig konnten Unrecht und Gewalt nur durch Gesetze verhindert werden. Das Problem war nur, dass von den örtlichen und staatlichen Gerichten des Südens keine Gerechtigkeit zu erwarten war. Die Urteile standen von vornherein fest. Die Richter waren parteiisch, die durchweg weißen Geschworenen voreingenommen. Faire Prozesse waren nur von den Bundesgerichten zu erwarten. Als die Behörden in Montgomery versuchten, den Busboykott und die Fahrgemeinschaften für illegal zu erklären, wandten sich Kings Anwälte an das Oberste Bundesgericht in Washington mit dem Antrag, die Rassentrennung in den Bussen für verfassungswidrig zu erklären. Die Entscheidung des Gerichts wurde sehnsüchtig erwartet.

Am 13. November 1956 saß King wieder einmal in Montgomery als Hauptangeklagter vor Gericht, als mitten in den Prozess die Nachricht platzte, dass die Richter in Washington dem Antrag stattgegeben hatten. Die Segregation in den Bussen war gegen die Verfassung. Bis die Verfügung des Bundesgerichts in

Montgomery eintraf, dauerte es allerdings noch über einen Monat. In dieser Zeit marschierte der Ku-Klux-Klan durch die Stadt und drohte, die »Vermischung der Rassen« niemals zuzulassen. Auf der anderen Seite tat King alles, um die schwarze Bevölkerung auf das Fahren in integrierten Bussen vorzubereiten. In seiner Kirche wurden vor dem Altar Stühle aufgereiht, um die Situation in einem Bus nachzustellen. Ein Mann übernahm die Rolle des Fahrers, Frauen und Männer spielten die Fahrgäste. Die weißen Fahrgäste sollten die schwarzen provozieren, beleidigen und schlagen, und diese sollten lernen, friedlich mit dieser Situation umzugehen. Einige der Männer, die »Weiße« darstellten, spielten ihre Rolle mit solchem Übereifer, dass es zu Handgreiflichkeiten und Raufereien kam. Gewaltloser Widerstand war schwer zu lernen.

Kurz vor Weihnachten traf die Anordnung aus Washington in Montgomery ein. Am nächsten Tag um sechs Uhr morgens stand Martin Luther mit weißen und schwarzen Freunden und einem Pulk von Reportern an der Haltestelle. Sie wurden vom Busfahrer höflich begrüßt und fuhren mit dem ersten integrierten Bus durch die Stadt. An diesem Tag gab es in den Bussen nur wenige Zwischenfälle. Die schwarzen Fahrgäste hielten sich an Kings Aufforderung, »Ruhe und Würde« zu bewahren.[4]

Ganz im Gegensatz zu den Gegnern der neuen Gleichheit. Nach einer ruhigen Woche setzte der Terror ein. Schwarze Fahrgäste wurden verprügelt, eine schwangere Frau wurde angeschossen. Die Kirchen und Häuser von Pfarrern, die den Boykott unterstützt hatten, wurden durch Bomben zerstört. Auf der Veranda von Kings Haus landete eine Stange Dynamit, die jedoch nicht explodierte. Die Täter wurden zwar gefasst, aber wie zu erwarten später freigesprochen. Doch inzwischen verurteilten auch angesehene und einflussreiche weiße Bürger der Stadt die Anschläge. Und wie durch ein Wunder kehrte allmählich Ruhe ein. Die integrierten Busse wurden zur Gewohnheit.

Die wichtigste Veränderung war unsichtbar. Die schwarzen Bürger Montgomerys hatten ein neues Selbstbewusstsein bekommen, ein Gefühl für ihre Würde und ihre Bestimmung. Abgelegt hatten sie dagegen jene lähmende Angst, die sie seit Generationen daran gehindert hatte, Veränderungen einzufordern. Nun wussten sie, dass ihre Empörung gegen Erniedrigung und ihre Sehnsucht nach Anerkennung richtig waren und sie dafür auf der Grundlage von Gesetzen eintreten konnten. Und auf der Gegenseite

5. *21. Dezember 1956: Ralph Abernathy, Martin Luther King und Glenn E. Smiley im Bus*

mussten selbst die verbohrtesten Rassisten einsehen, dass der Himmel über Montgomery nicht einstürzte, nur weil jetzt in den Bussen Weiße und Schwarze nebeneinandersaßen.

» GEBT UNS STIMMZETTEL! «

Im Februar 1957 war Martin Luther Kings Porträt auf der Titelseite des Nachrichtenmagazins *Time*. In dem dazugehörigen Artikel wurde er beschrieben als ein bescheidener, gebildeter und wortmächtiger junger Mann, der in weniger als einem Jahr von einem unbekannten Baptistenprediger zu einem der bemerkenswertesten Führer des Landes geworden war. In der Tat war Kings Aufstieg kometenhaft. Sein Ruf und seine Wirkung reichten weit über Montgomery und die Südstaaten hinaus. Man hatte ihn sogar zum Helden einer Comic-Serie gemacht, er wurde als Gandhi Amerikas bezeichnet oder mit Jesus verglichen. King waren solche Vergleiche peinlich, und er empfand seine Bekanntheit eher als Last und Gefahr. »Wer sich in Publicity verliebt«, so schrieb er in seinem

6. *Titelblatt des* Time Magazine *18. Februar 1957*

ersten Buch, »verträgt sie nicht und wird im Elend enden.«[5] Gegenüber seiner Frau äußerte er die Befürchtung, dass man nun von ihm Wunder erwarte und dass er an solch hohen Ansprüchen zwangsläufig scheitern müsse. Andererseits war ihm bewusst, dass ihm eine Aufgabe auferlegt war, der er sich nicht entziehen durfte.

Der erfolgreiche Busstreik von Montgomery hatte Menschen auch an anderen Orten des Südens dazu ermutigt, für ihre Rechte einzutreten. Anfang 1957 entstand die Idee, diese Kräfte zu bündeln. Bei einer Versammlung führender Männer in New Orleans wurde die *Southern Leaders Conference* gegründet, die Vereinigung von Führern des Südens, später umbenannt in die *Southern Christian Leadership Conference* (SCLC). Zum Präsidenten wählte man Martin Luther King. Das Ziel dieser neuen Organisation war es, alle Formen der Rassentrennung zu bekämpfen und vor allem dafür zu sorgen, dass mehr Schwarze als Wähler registriert wurden.

Das Recht zu wählen war ihnen in der Verfassung zwar zugesichert, aber in den südlichen Staaten hatte man immer wieder Tricks gefunden, die schwarzen Mitbürger von den Wahlurnen fernzuhalten. So forderte man beispielsweise den Nachweis, dass die

Großväter schon gewählt hatten, was reine Schikane war, denn diese waren meistenteils rechtlose Sklaven gewesen. Oder man verlangte eine Wahlsteuer auch für die Jahre, in denen man nicht gewählt hatte, was in der Summe einen unbezahlbaren Betrag ergab. Oft machte man sich nicht mal die Mühe, neue Hindernisse zu erfinden, sondern jagte Schwarze, die wählen wollten, aus ihren Häusern oder drohte ihnen mit dem Tod. Wäre es allen Afroamerikanern erlaubt worden zu wählen, hätten sie einen großen Einfluss auf die Politik gewonnen. Und genau das wollten viele weiße Südstaatler verhindern.

King und seine Mitstreiter wussten, dass sie nur mit Unterstützung der Regierung in Washington Fortschritte erzielen konnten. Sie schrieben einen Brief an Präsident Eisenhower mit der dringenden Bitte, den verfassungswidrigen Zuständen im Süden des Landes mehr Beachtung zu schenken und zu einer Konferenz ins Weiße Haus einzuladen. Falls die Regierung untätig blieb, wollte man einen Marsch nach Washington organisieren. Die Reaktion aus Washington war enttäuschend. Eisenhower und sein Vize Richard Nixon zeigten sich zwar aufgeschlossen, wirksame Maßnahmen blieben aber aus. So kam es tatsächlich zum Marsch auf die Hauptstadt. Am

17. Mai 1957 versammelten sich um die dreißigtausend Menschen am Lincoln Memorial, weit weniger als erhofft. King sprach als letzter Redner zu der Menge und forderte vehement das Wahlrecht für alle Afroamerikaner: »Gebt uns Stimmzettel, und wir werden nicht länger bitten, sondern die richtigen Gesetze machen«, rief er. »Gebt uns Stimmzettel, und wir werden die Parlamente mit Männern guten Willens besetzen.«

Das Argument, dass für so gravierende Veränderungen noch nicht die Zeit sei und man geduldig sein müsse, ließ King nicht mehr gelten. Lange genug hatten die Schwarzen unter Ungerechtigkeiten gelitten, und oft genug hatte man die Erfahrung gemacht, dass die Aufforderung zu warten im Grunde nur bedeutete, dass sich nichts änderte. Wenn die Regierung nicht aktiv werden wollte, musste man eben selbst die Initiative ergreifen. Der *SCLC* plante eine große Kampagne. Die Menschen sollten über ihre Rechte informiert werden, um sich als Wähler registrieren zu lassen. Und die Öffentlichkeit sollte über die Medien erfahren, welche Missstände hinter dem trügerischen Frieden im Süden herrschten.

Im Mittelpunkt aller Aktionen stand Martin Luther King. Mit seinem Charisma und seinen Reden zog er die Menschen an. Er gab ihnen Mut und Selbstvertrauen, und sie waren bereit, auf den Massenveranstaltungen Geld zu spenden, das der *SCLC* dringend benötigte, um alle Projekte zu finanzieren. Über zweihundert Reden soll King in einem Jahr gehalten haben und dabei Tausende von Kilometern gereist sein, dazu kamen die Predigten in seiner Kirche, über hundert Versammlungen und zahlreiche Interviews. Er hatte so gut wie kein Privatleben mehr. Dabei war er im Oktober 1957 zum zweiten Mal Vater geworden. Auf seinen Wunsch hin erhielt der Junge den Namen Martin Luther King III.

Im Frühjahr 1957 hatte er zusammen mit Coretta in Ghana den Feierlichkeiten zur Unabhängigkeit des Landes beigewohnt. Die Rückreise führte sie über Rom, Paris und London. Überall war das Paar begeistert empfangen worden. Politiker, Würdenträger und Gelehrte hatten Kings Nähe gesucht. Man behandelte ihn wie einen Star und bot ihm Stellen an mit traumhaften Gehältern. King lockte das nicht. Er hatte seine Berufung gefunden. Außerdem war es keine Phrase, wenn er erklärte, dass ihm Geld nichts bedeute. Seine Frau Coretta meinte später, dass Martin am liebsten ein »Armutsgelübde« abgelegt hätte.[6] Er musste jedoch einsehen, dass er in seiner Position und unter den modernen Bedingungen seiner Zeit nicht so anspruchslos leben konnte wie Mahatma Gandhi. Er brauchte Telefon, eine Sekretärin, Auto und Flugzeug. Jede Großtuerei war ihm allerdings zuwider. Es ärgerte ihn maßlos, wenn Geistliche in großen Autos herumfuhren.[7] Und als ihn einmal Freunde mit einem protzigen Chevrolet vom Flughafen abholen wollten, verbot er es ihnen.

A MARKED MAN

Aus dem Scheinwerferlicht der großen Welt kehrte King zurück in seine Heimat, in den Süden der USA, wo sein Ruhm und sein Name oft nichts zählten. Im Gegenteil, er, den Präsident Eisenhower im Juni 1958 im Weißen Haus empfangen hatte, wurde einige Wochen später in Montgomery von einem Polizisten festgenommen, weil er angeblich vor dem Gerichtsgebäude herumgelungert und sich geweigert habe zu verschwinden. Er wurde brutal abgeführt und auf der Polizeistation geschlagen und gewürgt. Zwei Tage später stand er vor Gericht und wurde wegen Widerstands gegen die Polizei zu einer Geldstrafe oder vierzehn Tagen Gefängnis verurteilt.

Zum Erstaunen des Richters wollte King die Geldstrafe nicht zahlen, sondern die Gefängnisstrafe absitzen. Er könne nicht guten Gewissens eine Strafe zahlen für eine Tat, die er nicht begangen habe, und vor allem nicht für die brutale Behandlung, die er nicht verdiene, erklärte er.[8] Er gehe »ohne Groll« ins Gefängnis und hoffe so, viele Menschen zum Nachdenken darüber zu bringen, wie es sein kann, dass weiße Straftäter freigesprochen werden und er unschuldig ins Gefängnis muss. Nach der Verhandlung setzte man King überraschend auf freien Fuß. Der Polizeichef hatte die Geldstrafe aus eigener Tasche bezahlt. Offenbar war ihm bewusst geworden, was es für Reaktionen hervorrufen würde, wenn man Martin Luther King ins Gefängnis sperrte.

Seine weißen Kritiker hielten Kings Auftreten für theatralisches Gehabe und einen »Reklametrick«. King selbst beteuerte immer wieder, dass ihn nicht persönliche Geltungssucht antreibe und schon gar nicht der Wunsch, als »Märtyrer« zu gelten. Sein Verhalten sah er als eine Provokation, aber eine konstruktive Provokation in dem Sinne, dass durch gewaltlosen Widerstand Ungerechtigkeiten möglichst drastisch ans

Tageslicht gebracht werden. Auf diese Weise, so hoffte er, würde auch bei den verstocktesten Rassisten ein Gefühl der Scham entstehen, das dann bestenfalls zu einem Umdenken führt und das schlummernde Gewissen eines ganzen Landes weckt.

Um dieses Gewissen zu wecken, brauchte es die Aufmerksamkeit der Öffentlichkeit, und dafür waren die Medien zuständig, Presse, Funk und Fernsehen. Für King war es eher ein bedauerlicher Nebeneffekt, dass er dadurch zur öffentlichen Person wurde, für viele sogar zum moralischen Gewissen der Nation. Für die Zeitschrift *Ebony* beantwortete er die Fragen von Lesern zu allen Lebenslagen. Männer und Frauen wandten sich an ihn mit ihren Eheproblemen. Farbige Teenager suchten seinen Rat, wenn sie unter Diskriminierung in der Schule litten oder mit ihren Eltern und der Kirche nicht zurechtkamen. Kings Popularität steigerte sich noch, als Mitte September 1957 sein erstes Buch erschien, *Stride toward freedom*, in dem er den Busstreik in Montgomery und seine Philosophie des Widerstands schilderte. Das Buch wurde begeistert aufgenommen. King sprach im Radio und trat im Fernsehen auf. Durch seine Bekanntheit konnte er die Anliegen der Bürgerrechtsbewegung einer breiten Öffentlichkeit darlegen. Es gab

7.   4. September 1958: Festnahme in Montgomery

aber auch Freunde, denen diese Prominenz zunehmend Sorge bereitete. Ein befreundeter Pastor warnte King, dass er nun ein »marked man«, also ein gekennzeichneter Mann, sei, und seine Feinde alle erdenklichen Versuche machen werden, seinen Ruf zu schädigen. Viele Weiße, aber leider auch Schwarze, würden nur darauf warten, dass ihm etwas zustoße. King solle wachsam sein und nie ohne Begleitung irgendwo hingehen.[9]

Diese Warnung war nur zu berechtigt. Am 20. September signierte King im New Yorker Kaufhaus Blumstein Bücher, da trat eine farbige Frau auf ihn zu und fragte, ob er Martin Luther King sei. Als er bejahte, stieß sie ihm einen scharf geschliffenen Brieföffner in die Brust. Wie sich später herausstellte, war diese Frau geistig verwirrt und fühlte sich von King, den sie nur aus dem Fernsehen kannte, verfolgt. King wurde umgehend ins Krankenhaus gebracht und operiert. Das Messer hatte die Hauptschlagader knapp verfehlt. Nur weil King ruhig geblieben war, überlebte er. Hätte er sich zu sehr aufgeregt oder nur gehustet oder geniest, wäre er innerlich verblutet. Izola Curry, die Frau, die King töten wollte, war keine bewusste Gegnerin Kings. Sie war ein Opfer ihrer Wahnvorstellungen, und King wollte nicht, dass man sie vor Gericht stellte. Der Vorfall zeigte für ihn, wie sehr die Gesellschaft von Hass und Verbitterung durchdrungen war und wie schnell es in diesem vergifteten Klima zu Ausbrüchen von Gewalt kommen konnte.

DAS HAUS DER WELT

Nach der Entlassung aus dem Hospital musste King seine Arbeit für die *SCLC* lange Zeit ruhen lassen, um vollständig zu genesen. Gegen Ende des Jahres fühlte er sich gesund genug, um sich einen lange gehegten Traum zu verwirklichen – eine Reise nach Indien.[10] Ein ehemaliger Schüler Mahatma Gandhis hatte ihn eingeladen, und Freunde verschafften ihm über Sponsoren das nötige Geld. Anfang März 1959 flogen Martin und Coretta King nach Bombay. Schon auf der Fahrt vom Flughafen in ihr Hotel waren sie schockiert über die Armut in der Stadt. Die engen, stinkenden Straßen waren voll von ausgemergelten, halbnackten Obdachlosen, die sich von Abfällen ernährten. Andererseits gab es Luxushotels und Stadtviertel, wo unfassbar Reiche in großen Villen lebten.

8. *10. Februar 1959: Treffen mit Premierminister Nehru in New Delhi*

Über diesen eklatanten Gegensatz sprach King mit Premierminister Nehru, einem einstigen Weggefährten Gandhis, der Indien nun zu einer Industrienation machen wollte. Das Ehepaar King reiste mit dem Bus durch das Land und begegnete Anhängern Gandhis, die dessen Weg weiterführten. Die Erfahrungen in Indien öffneten ihm auch die Augen dafür, dass der Gegensatz von Reich und Arm ein weltweites Problem war. Beim Anblick der hungernden Gestalten dachte er daran, dass es in den USA einen Überschuss an Getreide gab, der teuer gelagert werden musste. Wären nicht die knurrenden Mägen der Kinder in Indien der bessere Lagerplatz für dieses Getreide? Für King resultieren diese Missstände aus der »Arroganz des Westens«[11], der sich einbildet, alle müssten von ihm lernen. Riesige Geldsummen werden in der sogenannten Dritten Welt investiert, aber nur in der Absicht, Profit zu machen, und nicht, um die soziale Entwicklung dieser Länder zu fördern.

Woran es für King bei allem technischen Fortschritt fehlte, ist die Einsicht, dass alles Leben miteinander verbunden ist und die Menschen in einem »Netz der Gegenseitigkeit« verwoben sind. »An Gütern und materiellem Erfolg sind wir reich«, schrieb er. »Die Mittel, durch die wir leben, sind in der Tat wunderbar. Und doch fehlt etwas. Wir haben gelernt, wie die Vögel zu fliegen und wie die Fische zu schwimmen. Aber wir haben die einfache Kunst nicht erlernt, als Brüder zu leben. Unser Überfluss hat uns weder Frieden noch Zufriedenheit gebracht.«[12]

Vor allem in seiner Heimat, dem Süden der Vereinigten Staaten, war man noch weit davon entfernt, wie Brüder zu leben. Die Kampagne zur Wählerregistrierung war wenig erfolgreich gewesen. In Kings Abwesenheit war deutlich geworden, wie unverzichtbar er für die Bewegung war. Die selbstgesetzten Ziele konnten nur erreicht werden, wenn Martin Luther King rund um die Uhr und mit all seinen Kräften zur Verfügung stand. King musste einsehen, dass sein Amt als Pfarrer in Montgomery damit unvereinbar war. Schweren Herzens entschloss er sich Ende 1959, mit seiner Familie nach Atlanta, dem Sitz der *SCLC*, umzuziehen.

An der Ebenezer-Kirche in Atlanta wurde King als Gehilfe seines Vaters angestellt. Damit sollte ihm ein kleines Einkommen gesichert werden. Die beträchtlichen Summen, die er mit seinem Buch, seinen Vorträgen und Reden verdiente, stellte er zum Großteil der *SCLC* zur Verfügung. Solange Kings Ruf tadellos war, wurde auch bereitwillig gespendet. Das wussten auch seine Gegner. Darum war es keine Überraschung, dass sie versuchten, Kings Ruf als integere Person zu schädigen. Sie warfen ihm vor, sich bereichert und Steuern hinterzogen zu haben. King war fassungslos. Belastet mit solch einem Verdacht, hätte ihm niemand mehr geglaubt, wenn er über die moralischen Prinzipien der Bürgerrechtsbewegung redete. Seine Unschuld konnte er nur beweisen, wenn er vor Gericht ging. Und das war teuer. Nur weil prominente Freunde wie der Sänger Harry Belafonte Geld für ihn sammelten, wagte er einen Prozess. Und es war ein kleines Wunder, als King im Mai 1960 vor einem weißen Gericht freigesprochen wurde. Sein guter Ruf war wiederhergestellt. Das war umso wichtiger, als es inzwischen viele junge Leute gab, die von seiner Person

9.   *25. Oktober 1960: Atlanta, auf dem Weg zum Verhör*

und seinen Ideen begeistert waren und für ihre Initiativen Kings Unterstützung dringend brauchten.

Anfang des Jahres waren in Greensboro in North Carolina vier schwarze Studenten in ein Restaurant für Weiße gegangen. Man hatte sie aufgefordert, das Lokal zu verlassen, aber sie waren hartnäckig sitzen geblieben. Ihr Beispiel machte Schule, und schon bald veranstalteten weiße und schwarze Studenten und Studentinnen in Virginia und Florida solche »sit-ins«. King war begeistert von diesen gewaltlosen Aktionen. Für ihn waren die Studenten »kreative Störenfriede«[13], die zivilen Ungehorsam übten, indem sie sich ungerechten Gesetzen widersetzten und bereit waren, die Konsequenzen zu tragen und ins Gefängnis zu gehen.

Als Studenten im Herbst 1960 auch in Atlanta Protestaktionen durchführen wollten, erklärte King sich bereit, mitzumachen. Im Schnellrestaurant eines Kaufhauses veranstalteten sie ein »sit-in«, und wie zu erwarten, wurden alle inhaftiert. Schon nach ein paar Tagen wurden alle wieder entlassen – bis auf Martin Luther King. Einige Monate vorher war er wegen eines ungültigen Führerscheins verhaftet worden; damals hatte ein Richter ihn auf Bewährung verurteilt. Da er nun in der Bewährungszeit erneut mit dem

Gesetz in Konflikt kam, sah man die Chance, ihn härter zu bestrafen. Er wurde zu vier Monaten Zwangsarbeit verurteilt und an Händen und Füßen gefesselt in das Gefängnis von Reidsville in Georgia, einer berüchtigten Haftanstalt, gebracht.

Dass King die lange Strafe dann doch nicht absitzen musste, hing mit den bevorstehenden Präsidentschaftswahlen zusammen. John F. Kennedy, der Kandidat der Demokraten, schaltete sich ein und bewirkte seine Freilassung. Nur wenige Tage später wurde Kennedy zum fünfunddreißigsten Präsidenten der Vereinigten Staaten gewählt. Sein Eintreten für Martin Luther King war vermutlich ausschlaggebend für seinen knappen Sieg über den Kandidaten der Republikaner, Richard Nixon.

King sah in Kennedy einen Verbündeten, war aber enttäuscht, als der neue Präsident das Problem der Rassentrennung nicht so entschlossen angehen wollte, wie es King forderte. Umgekehrt fühlte sich Kennedy von King ständig gedrängt, rechtliche Verordnungen für allgemeine Bürgerechte zu schaffen. Vom Präsidenten erwartete King auch, dass er mit aller Macht, die sein Amt ihm verlieh, einschreite, als es im Frühjahr 1961 im Süden wieder zu Gewaltexzessen kam.

Die Studenten und ihre Unterstützer weiteten ihre Aktionen auf die Buslinien aus, die mehrere Staaten miteinander verbanden. Obwohl die Rassentrennung in den Überlandbussen längst verboten war, hielt man in den Südstaaten immer noch daran fest. Schwarze und weiße »freedom riders«, wie sie sich nannten, wurden von weißen Rassisten aus den Bussen gezerrt und mit Baseballschlägern, Ketten und Knüppeln verprügelt. Busse wurden angezündet. Und das alles konnte geschehen, ohne dass die Polizei eingriff.

King sah die schrecklichen Bilder im Fernsehen und entschloss sich, sofort nach Montgomery zu reisen, dem nächsten Ziel der Freiheitsfahrer. Diese wurden dort von einer wütenden Menge erwartet, die sich auf einen jungen Studenten, der als Erster aus dem Bus stieg, stürzte und auf ihn einschlug, bis er bewusstlos liegen blieb. Am Abend rottete sich der weiße Mob vor der Kirche zusammen, in der King eine Ansprache hielt. Ein Auto wurde angezündet, Steine flogen durch die bunten Kirchenfenster. Als King vor die Tür trat, um mit den Leuten zu reden, schoss eine Tränengasgranate knapp an seinem Kopf vorbei. Die ganze Nacht verharrten die Menschen in der Kirche, immer in Angst, dass das Gebäude angezündet würde. Erst am Morgen konnten sie nach

Hause gehen, im Schutz von Bundestruppen, die von der Regierung nach Montgomery geschickt worden waren.

FREIHEIT IST KEIN GESCHENK

Mitte Dezember 1961 erhielt Martin Luther King einen Hilferuf aus Albany, Georgia. Eine Gruppe schwarzer Bürger hatte versucht, mit friedlichen Mitteln die Rassenschranken auf den Bahnhöfen zu beseitigen, und war auf den unerbittlichen Widerstand der örtlichen Behörden gestoßen. Hunderte von Demonstranten saßen bereits im Gefängnis. King stellte sich an die Spitze eines Protestzuges. Er wurde prompt verhaftet und später zu fünfundvierzig Tagen Zwangsarbeit verurteilt. Wie immer wurde ihm vorgeworfen, das friedliche Zusammenleben in der Stadt zu stören und schuld zu sein an der Gewalt bei den Demonstrationen. Für King war das eine völlige Verkehrung von Ursache und Wirkung. Die Demonstranten verhielten sich friedlich. Die Gewalt ging von weißen Rassisten aus, die unbestraft blieben, während

Hunderte von Protestierenden eingesperrt wurden. Durch den friedlichen Widerstand sollte diese Ungerechtigkeit, dieser »Krebs des Rassismus« für jedermann sichtbar werden.

In Albany ging diese Taktik nicht auf. Die Gegner hatten dazugelernt. Der Polizeichef verhielt sich sehr zurückhaltend; und die Kaution für King wurde von einem Unbekannten bezahlt, so dass er gleich wieder das Gefängnis verlassen musste. Schlimmer war, dass Jugendliche bei einer Demonstration Polizisten mit Flaschen und Steinen bewarfen. Daraufhin verbot ein Bundesrichter weitere Aktionen. King wagte es nicht, gegen die Anordnung eines Bundesgerichts zu verstoßen, und verzichtete darauf, erneut die Leute zu mobilisieren. Dadurch aber verlor die Bewegung an Schwung. Die Bereitschaft der Menschen, für ihre Rechte auf die Straße und ins Gefängnis zu gehen, erlahmte. Albany war ein Misserfolg.

King bereute später seine Entscheidung. Auf den Versammlungen hatte er seine Anhänger davon zu überzeugen versucht, dass ein unmoralisches Gesetz kein Gesetz sei und man ihm nicht gehorchen müsse. In Albany war er dieser Einsicht nicht gefolgt. Zu sehr hatte er jenen Leuten nachgegeben, die ihn mahnten, man müsse realistisch sein und warten, bis die

Zeit reif sei und die Vertreter der Rassentrennung einsichtiger würden. Zeit, so meinte King jetzt, bewirke nichts. Für ihn war es eine bewiesene Tatsache, dass diejenigen, die von einem ungerechten System profitieren, nie freiwillig auf ihre Vorrechte verzichten. Es bedarf eines unermüdlichen Gegendrucks. Dieser Druck muss auch gegen ungerechte Gesetze aufrechterhalten werden, und er muss gewaltlos sein. Martin Luther King wollte beweisen, dass es zur Methode des gewaltlosen Widerstands keine Alternative gibt und dass sie erfolgreich sein kann.

KINDER GEGEN WASSERWERFER

Der beste Ort für diesen Beweis war Birmingham in Alabama. Wie nirgendwo sonst im Süden hielt man in dieser wohlhabenden Stadt an der Rassentrennung fest. Gewalt gegen Schwarze, Anschläge auf ihre Häuser und ihre Kirchen gehörten hier zum Alltag. King zielte auf den Nerv der Stadt, ihre Wirtschaft. Durch Boykotts und sit-ins sollten die Geschäftsleute von Birmingham gezwungen werden, die Rassentrennung in Restaurants, Kaufhäusern, Läden aufzuheben, mehr Schwarze einzustellen und angemessen zu bezahlen. Zusätzlich sollten Massenkundgebungen stattfinden.

Alles verlief wie geplant. Hunderte wurden von Polizeichef Eugene – genannt »Bull« – Conner verhaftet. Die Gefängnisse füllten sich. Die Augen der Öffentlichkeit richteten sich auf Birmingham, vor allem, als King für den 12. April 1963, es war der Karfreitag, eine große Demonstration ankündigte, an der er selbst teilnehmen wollte. Dieses Mal ließ er sich nicht von Verboten abhalten, auch nicht von den unzähligen Polizisten, welche die »Armee« von Freiwilligen überwachten. Der Zug endete an einer Barrikade, wo »Bull« Conner wartete. Kurze Zeit später saß King in einer düsteren Einzelzelle, ohne Matratze und Decke. Es war das dreizehnte Mal, dass man ihn ins Gefängnis warf.

Der Schrecken darüber, was in Birmingham vor sich ging, erfasste das ganze Land. Das Gewissen einer Nation war wachgerüttelt. Die Empörung über die Uneinsichtigkeit der weißen Politiker und die Brutalität der Polizei wurde noch größer, als die Stadt sich weiterhin weigerte zu verhandeln, und King, der im Mai wieder frei kam, sich zu einer drastischen Maßnahme entschloss. Auch Kindern und Jugendlichen sollte erlaubt werden, an den Protestaktionen teilzunehmen. Den Vorwurf, er missbrauche Kinder für seine Zwecke, wies er zurück. Diese Kinder seien jahrelang tagtäglich durch die Rassentrennung missbraucht worden, hielt er seinen Kritikern entgegen, und darüber hätte sich nie jemand aufgeregt.

Die Kinder von Birmingham brauchten nicht eigens aufgefordert zu werden, am Protest mitzuwirken. Eine friedliche Armee von Tausenden Teenagern zog durch die Straßen und sang das Lied, das zur Hymne der Bürgerrechtsbewegung geworden war: »We shall overcome«. Haufenweise wurden sie in Schulbussen in die Gefängnisse gebracht. Aber wie viele man auch wegtransportierte, es kamen immer wieder neue Gruppen nach. Schließlich ließ sich »Bull« Connor zu einem Verhalten provozieren, das sein wahres Gesicht zeigte und die »Fratze des Rassismus« demaskierte. Er setzte Wasserwerfer und Polizeihunde ein. Millionen von Menschen in Amerika und auf der ganzen Welt sahen nun die Bilder von Kindern, die von der Wucht der Wasserwerfer zu Boden gerissen wurden, und von Jugendlichen, auf die man Hunde hetzte.

Unter dem Druck der Öffentlichkeit und angesichts der unnachgiebigen Haltung der Protestieren-

10. April 1963: im Gefängnis in Birmingham

den erklärte sich der Stadtrat zu Verhandlungen bereit. Die Regierung in Washington schickte einen Vermittler nach Birmingham, und tatsächlich kam es zu einem Abkommen, in dem fast alle Forderungen der Protestbewegung erfüllt wurden. King verbot es seinen Anhängern, über ihre Gegner zu triumphieren. Der Sieg des gewaltlosen Widerstands war für ihn ein Sieg aller Amerikaner. Der Kampf richtete sich nicht gegen Menschen, auch nicht gegen Rassisten, sondern gegen »ein aus Egoismus erdachtes System«. Dieses System zu überwinden hieß, zur Heilung eines ganzen Volkes beizutragen.

In den Tagen im Gefängnis hatte King einen Brief auf Zeitungs- und Toilettenpapier geschrieben, der später aus der Zelle geschmuggelt wurde und weite Verbreitung fand. Es war die Antwort auf ein Schreiben von weißen Kirchenmännern, die sein Handeln als unklug und extremistisch kritisierten. King verteidigte seine Handlungen und zeigte sich enttäuscht von der »schlaffen Haltung« der weißen Kirche. Anstatt ihre Stimme gegen Ungerechtigkeit zu erheben, schweige sie oder verteidige sogar die bestehenden Zustände. Schlimmer noch als offensichtliche Feinde der Schwarzen wie der Ku-Klux-Klan waren für King die »gemäßigten Weißen«, die Verständnis zeigten,

11. Mai 1965: Einsatz von Wasserwerfern während der
    Proteste in Birmingham

aber keine klare Stellung bezogen. »Ich habe beobachtet«, so schrieb er, »wie die Kirche inmitten schreiender Ungerechtigkeiten gegen die Neger abseits stand und nur fromme Belanglosigkeiten und scheinheilige Trivialitäten im Munde führte.«[14] Den Vorwurf, ein Extremist zu sein, nahm er gerne auf sich. Es komme nur darauf an, ob man ein Extremist des Hasses oder einer der Liebe sei. King wollte ein »Extremist der Liebe« sein.

WANZEN IM HOTEL

Am 12. Juni wurde der schwarze Bürgerrechtler Medgar Evers, ein guter Freund Kings, vor seinem Haus erschossen. Er hinterließ eine Frau und drei Kinder. Als Coretta King davon hörte, dachte sie unwillkürlich, dass es ebenso gut ihren Mann hätte treffen können. Vor drei Monaten hatte sie ihr viertes Kind zur Welt gebracht. Nach Yolanda, Martin und Dexter nun das zweite Mädchen, Bernice. Coretta sah ihren Mann nur noch selten. Martin war im ganzen Land unterwegs und sprach vor Tausenden von Menschen. Das

»Wunder von Birmingham« hatte eine wahre Revolution ausgelöst. In vielen Städten Amerikas demonstrierten Anhänger Kings für ihre Rechte oder führten sit-ins durch.

Mit dem zunehmenden Erfolg der Bewegung häuften sich die blutigen Anschläge ihrer Gegner. Präsident Kennedy war so entsetzt über die Gewalt in den Südstaaten, dass er eine Gesetzesvorlage für die Bürgerrechte im Kongress einbrachte. Im Repräsentantenhaus und im Senat gab es jedoch viele Hardliner aus dem Süden, die dieses Gesetz unbedingt verhindern wollten. Um auch diese Widerstände zu brechen, planten die Anführer der Bürgerrechtsgruppen eine große Demonstration in Washington. Es sollte die größte Kundgebung des schwarzen Protestes in der Geschichte der USA werden.

Am 28. August 1963 saßen Martin Luther King und seine Frau im Hotelzimmer in Washington. Martin hatte die ganze Nacht hindurch an seiner Ansprache geschrieben. Nur acht Minuten Redezeit hatte man ihm eingeräumt. Auf dem Weg zum Parkhügel unterhalb des Kapitols, der sogenannten »Mall«, waren die Kings überwältigt vom Anblick der vielen Menschen, die aus dem ganzen Land in die Hauptstadt gekommen waren. Über zweihunderttausend Menschen waren versammelt. Ein Viertel davon Weiße. King war als letzter Redner vorgesehen. Anfangs hielt er sich an sein Konzept. Er bekam Applaus, merkte aber, dass er die Menschen nicht wirklich erreichte. Erst, als er seine Augen nicht mehr auf sein Manuskript richtete und anfing, von seinem Traum zu erzählen, änderte sich die Stimmung. Und wie immer, wenn er die Begeisterung der Menschen spürte und sie ihn mit Zurufen anfeuerten, begann er, frei zu reden, ja zu predigen, und sich ganz den Worten zu überlassen, die im Augenblick sein Herz erfüllten.

Vor seiner Rede war King angekündigt worden als der »moralische Führer unserer Nation«. Das FBI sah das ganz anders. In einem Schreiben bezeichnete es Martin Luther King als den »gefährlichsten Neger der Zukunft«. Grundlage für diese Behauptung waren geheime Berichte über eine angebliche kommunistische Unterwanderung der Bürgerrechtsbewegung.[15] Obwohl das FBI nie Beweise für diesen Verdacht vorlegen konnte, wurde gegen King ermittelt. Vor allem der Leiter der Behörde, Edgar Hoover, begann nun einen regelrechten Krieg gegen King. Er war wie besessen von der Idee, King nicht nur als verkappten Kommunisten zu entlarven, sondern auch als Schwindler und moralisch verkommenen Menschen, der den

12. *Martin Luther King mit seiner Frau Coretta und den*
    Kindern Martin III und Yolanda

Leuten das Bild eines Heiligen vorgaukelt und insgeheim zahlreiche Affären mit Frauen hat. Einige Tage nach dem Marsch auf Washington hatte King Freunde zu einer Feier in das Willard-Hotel eingeladen. Im Zimmer hatten staatliche Behörden ein Mikrofon versteckt, das Edgar Hoover in die Hände fiel. Aus den Aufnahmen glaubte er herauszuhören, dass im Hotelzimmer eine Orgie stattgefunden habe.

King bezeichnete diese Vorwürfe als absurd: Es gebe in der Bürgerrechtsbewegung so viele Kommunisten wie Eskimos in Florida. Die Tonbänder mit den angeblich kompromittierenden Aufnahmen konnte er später selbst anhören und spielte sie auch Coretta vor. Anscheinend waren die Aufnahmen so schlecht, dass man kaum etwas verstand und die Geräusche beliebig interpretieren konnte. Hoover wurde von Robert Kennedy, dem Bruder des Präsidenten und Justizminister, zurückgepfiffen, ließ sich aber nicht davon abhalten, weiter Kings Privatleben auszuspionieren und sein Telefon abzuhören.

HERUNTER VOM SOCKEL, ZURÜCK INS TAL

Im Herbst 1963 hatte King andere Sorgen. In den ländlichen Gebieten Mississippis konnte sich der weiße Rassismus ungestraft austoben. Farbige wurden ermordet, ihre Häuser und Kirchen angezündet. In Birmingham wurden bei einem Bombenanschlag auf eine Kirche vier junge Mädchen getötet. Schockiert über diese unmenschliche Tat, verlangte King, dass die Gesetzesvorlage des Präsidenten sofort in Kraft treten müsse. Kennedy versprach ihm, alles dafür zu tun. Doch offenbar gab es Kreise, die das verhindern wollten. Am 22. November war King zu Hause in Atlanta, als im Fernsehen die Nachricht kam, dass auf Kennedy ein Attentat verübt worden war. Wenig später erlag der Präsident seinen Verletzungen.

Der Tod Kennedys war ein Rückschlag für die Bürgerrechtsbewegung. Was man von dem neuen Präsidenten, Lyndon B. Johnson, erwarten durfte, war unklar. Vielversprechend war es immerhin, dass er King ins Weiße Haus einlud und ihm sein Wort gab, das Gesetz im kommenden Jahr durch den Senat zu bringen. Auch der neue Präsident konnte allerdings nicht verhindern, dass die Kampagne des FBI gegen King weiterging. Es scheint, dass Hoovers Attacken umso heftiger wurden, je mehr Kings Ansehen stieg. Im Januar 1964 wurde Martin Luther King vom *Time Magazin* zum »Mann des Jahres« gewählt. Die »Stimme des schwarzen Amerikas« wurde er in dem Artikel genannt. Zur gleichen Zeit wurden seine Hotelzimmer vom FBI verwanzt und Hoover versuchte alles, um King »vom Sockel zu holen«.

Auf einem Sockel zu stehen und bewundert zu werden, darauf legte King keinen Wert. Von den Ehrungen kehrte er immer wieder, wie er es ausdrückte, »ins Tal zurück«. Das Tal war im Frühjahr 1964 St. Augustine, ein kleiner Ort in Florida, der für sich in Anspruch nahm, die älteste Ansiedlung europäischer Siedler in Nordamerika zu sein. St. Augustine war aber auch eine Hochburg des Ku-Klux-Klan. Im Frühjahr unterstützte King einige Gruppen von Schwarzen, die für ihre Rechte demonstrierten, und landete wieder einmal im Gefängnis. Sein Notruf an den Präsidenten, Bundessoldaten zu schicken, um die Menschen zu schützen, blieb ungehört. Die zügellose Gewalt weißer Horden in St. Augustine hatte allerdings zur Folge, dass viele Abgeordnete in Washington ihre Meinung änderten und für das neue Gesetz stimmten. Am 2. Juli 1964 gehörte Martin Luther King zu jenen Auserwählten, die zugegen waren, als Präsident Johnson im Weißen Haus die Bürgerrechtsvorlage unterschrieb.

Überschattet wurde dieser Erfolg von schlimmen Nachrichten aus dem Süden. Auf einer Baustelle hatte man die von Kugeln durchlöcherten Leichen dreier vermisster Bürgerrechtler entdeckt. Wie man herausfand, hatte die örtliche Polizei die drei Männer dem Ku-Klux-Klan in die Hände gespielt. In einem abgelegenen Waldstück waren sie brutal misshandelt und dann ermordet worden. Die Männer, die für die grausame Tat verantwortlich waren, wurden von einem Südstaaten-Gericht freigesprochen. Ein Foto, das während der Verhandlung gemacht wurde, zeigt die Angeklagten, wie sie grinsend und popcornkauend auf ihren Stühlen lümmeln, zuversichtlich, dass ihnen nichts passieren wird.

Das neue Bürgerrecht konnte solche barbarischen Verbrechen und skandalösen Urteile nicht verhindern. Noch nicht. Doch dass das Gesetz nun immerhin zustande gekommen war, wertete man als Kings Verdienst. Auch im Ausland genoss er großes Ansehen. Willy Brandt, damals Regierender Bürgermeister von Berlin, lud ihn nach Deutschland ein, um an einer

13. *12. September 1964: Martin Luther King an der Berliner Mauer*

Gedächtnisfeier für John F. Kennedy teilzunehmen. Am 13. September hielt King eine Ansprache in der Waldbühne. Von seinem Wunsch, auch den Ostteil der Stadt zu besuchen, wollte man ihn abhalten. Doch King fuhr mit seinen Begleitern zu den Grenzanlagen an der Mauer, und die DDR-Grenzposten ließen ihn überraschenderweise passieren. In zwei völlig überfüllten Kirchen, der Marienkirche und der Sophienkirche, sprach King zu den Menschen und machte ihnen Hoffnung, dass auch diese Mauer eines Tages verschwinden werde. »Hier sind auf beiden Seiten der Mauer Gottes Kinder«, sagte er, »und keine durch Menschenhand gemachte Grenze kann diese Tatsache auslöschen.«[16]

Die Reise nach Deutschland und die Kämpfe in St. Augustine hatten King so erschöpft, dass er sich bald nach der Rückkehr in ein Krankenhaus in Atlanta begeben musste. Dort erfuhr er eines Morgens von Coretta, dass ihm der Friedensnobelpreis zugesprochen wurde. Viele Glückwünsche erreichten ihn. Es gab aber auch Stimmen, vor allem aus dem Süden, die sich über diese Wahl empörten. FBI-Chef Hoover reagierte geradezu hysterisch und wollte alles tun, um King vor den Augen der Welt als Heuchler und Lügner bloßzustellen. King bekam einen Brief, in dem

14. *10. Dezember 1964: Nach der Verleihung des Friedens-
nobelpreises im Kreis der Familie*

er als »schamloser Lügner« und »dreckiges, abartiges Tier« bezeichnet wurde. Der anonyme Absender drohte ihm, seine sexuellen Eskapaden zu veröffentlichen, und forderte ihn indirekt zum Selbstmord auf. Der Schreibstil sollte den Eindruck erwecken, als stamme der Brief von einem enttäuschten Anhänger der Bürgerrechtsbewegung. Später jedoch stellte sich heraus, dass er vom FBI verfasst worden war. Die Drohung verfehlte ihr Ziel. Am 10. Dezember 1964 wurde in Oslo der Friedensnobelpreis an Dr. Martin Luther King verliehen.

DER GROSSE MARSCH

Knapp zwei Monate nach der feierlichen Preisübergabe in Oslo wurde King festgenommen. Dieses Mal in Selma, einer Kleinstadt zwischen Montgomery und Birmingham. Wie kam es dazu? Mit dem Bürgerrechtsgesetz von 1964 waren viele Ungerechtigkeiten beseitigt. Hotels, Restaurants, Geschäfte, die vorher nur weißen Amerikanern vorbehalten waren, mussten nun auch für Afroamerikaner zugänglich sein. Diskriminierungen in Betrieben und Gewerkschaften waren verboten. Trotzdem war King nicht zufrieden. Was ihm fehlte, war eine klare Bestimmung zum Wahlrecht. Es gab ländliche Gebiete in Alabama, wo kein einziger schwarzer Wähler registriert war. King machte es zornig, dass andere ethnische Gruppen ihr Wahlrecht mit der Geburt erhielten, während die Afroamerikaner sich dieses Recht mühsam stückchenweise erkämpfen mussten.

Der Kampf um Freiheit ging weiter. Und zwar dort, wo die Rassentrennung am hartnäckigsten verteidigt wurde, im »schwarzen Gürtel« der Südstaaten, jener Region, wo der Anteil an Afroamerikanern besonders hoch war. King und sein Mitarbeiterstab hatten beschlossen, die nächsten Aktionen in Selma durchzuführen. Was sie dort erwartete, davon hatte King gleich bei seiner Ankunft einen Vorgeschmack bekommen. Im Hotel, wo er ein Zimmer nehmen wollte, war er von einem Weißen ins Gesicht geschlagen worden. Gerüchte machten die Runde, dass ein Mordanschlag auf King geplant sei. In dieser aufgeheizten Stimmung war bald das erste Todesopfer zu beklagen. Bei einem Nachtmarsch wurde der junge Jimmy Lee Jackson von der Polizei erschossen. Er war wehrlos gewesen und hatte seine Mutter vor den Knüppeln der Polizei schützen wollen. King hielt an seinem Grab die Trauerrede.

Nach dem Tod Jimmy Lees kündigte King einen Massenmarsch von Selma zum Kapitol in Montgomery an. Eine Strecke von etwa achtzig Kilometern. George Wallace, der Gouverneur von Alabama und entschiedener Verfechter der Rassentrennung, verbot den Marsch. Davon wollte man sich nicht aufhalten lassen. Ein erster Versuch, die Stadtgrenze zu erreichen, sollte am Sonntag, den 7. März 1965 unternommen werden – ohne King, der an diesem Tag in Atlanta predigte. Über fünfhundert Menschen nahmen am Zug teil. Sie rechneten damit, dass sie auf der Edmund-Pattis-Brücke angehalten und verhaftet werden würden. Die Polizeitruppen, die dort schwer bewaffnet warteten, hatten aber anderes im Sinn. Kaum war der Protestzug an der Absperrung auf der Brücke angelangt, wurde der Befehl zum Angriff gegeben. Die Polizisten stürzten sich auf die Menge und schlugen mit ihren Knüppeln wahllos auf Männer, Frauen und Kinder ein. Tränengas vernebelte die Brücke. Berittene Polizisten verfolgten die Fliehenden mit Peitschen und mit Stacheldraht umwickelten Stöcken. Auf der Brücke und in den Straßen der Stadt lagen überall verletzte und blutende Menschen.

King machte sich schwere Vorwürfe, an diesem blutigen Sonntag nicht in Selma gewesen zu sein. Gerade ein Pastor wie er, so war seine Meinung, sollte das Schicksal von Menschen teilen, die unschuldig leiden müssen. Die Vertreter der Kirchen waren für ihn in dieser Hinsicht bisher viel zu passiv gewesen. »Tätige Humanisten sind wertvoller als untätige Christen«, meinte er einmal.[17] Darum sollten bei einer erneuten Demonstration religiöse Führer ihre Solidarität zeigen und mitmarschieren. Kings Aufruf hatte große Wirkung. Von überall her kamen Geistliche, Rabbiner, Nonnen und Laienführer nach Selma. Am Dienstag, den 9. März standen sie mit King an der Spitze eines Protestzuges, der sich auf die Edmund-Pattis-Brücke zubewegte. Als sich die Demonstranten und die schwer bewaffneten Polizisten gegenüberstanden, kniete King nieder und alle hinter ihm taten es ihm nach. Die Polizisten wichen zurück, als wollten sie den Weg frei machen. Doch King ging nicht weiter. Nach kurzem Bedenken machte er kehrt und führte den Zug zurück in die Kirche von Selma. Viele konnten sein Verhalten nicht verstehen und waren enttäuscht, doch er hatte eine Falle der Polizei befürchtet und wollte kein erneutes Massaker riskieren. Es war schlimm genug, dass kurz darauf Rassisten

15. *März 1965: Der Marsch von Selma nach Montgomery*

dem weißen Pastor James Reeb auflauerten, ihn als »weißen Nigger« beschimpften und mit Knüppeln erschlugen.

Kings Entscheidung erwies sich als richtig. Ein Richter hob das Marschverbot auf. Damit war der Weg nach Montgomery frei. Weil der Gouverneur Wallace nicht für die Sicherheit der Marschierer garantieren wollte, schickte Präsident Johnson die Nationalgarde nach Selma. So brach eine bunte Schar von weißen und schwarzen Bürgerrechtlern, Geistlichen, Studenten und Künstlern am Sonntag, den 21. März 1965 zu einem geschichtsträchtigen Marsch auf. In Etappen wollte man nach Montgomery. Nach einem anstrengenden Tag übernachteten die Menschen in Zelten, um am nächsten Tag bei Sonne und Regen weiterzugehen. Die langgezogene Prozession wurde begleitet und bewacht von Militärfahrzeugen und von Hubschraubern, die über der Menge kreisten. Der Kolonne voran fuhr ein Lastwagen mit Journalisten, die ihre Kameras auf Martin Luther King richteten und jedes seiner Worte notierten.

Nach drei Tagen erreichte der Zug Montgomery, jene Stadt, in der King als junger Pastor den Busstreik angeführt hatte. Nun stand er vor dem Kapitol auf der Ladefläche eines Lastwagens vor einer riesigen

Menschenmenge, darunter berühmte Künstler wie Joan Baez, Pete Seeger, Sidney Poitier, Sammy Davis Jr. und Leonard Bernstein. King beschwor seine Anhänger, die Weißen nicht als Feinde zu betrachten. Ziel sei nicht eine Gesellschaft der Weißen oder der Schwarzen, sondern eine »Gesellschaft der Menschen«. Und er versprach, dass es nicht mehr lange dauern werde, bis alle Afroamerikaner ohne Hindernisse wählen könnten.

King behielt recht. Schon Anfang August trat das neue Wahlrechtsgesetz in Kraft. Bundesbeamte wurden in die Problemgebiete des Südens geschickt, um die Durchführung des Gesetzes zu überwachen. Es dauerte nicht mehr lange und rassistische Bürgermeister und Polizeichefs wurden abgewählt.

IN DEN GHETTOS DER GROSSSTÄDTE

Während im Süden der Staaten viele Schwarze erstmals zur Wahl gingen, kam es in vielen Großstädten zu Unruhen. In Watts, einem Stadtteil von Los Angeles, in dem fast nur Afroamerikaner lebten, wurden bei Straßenkämpfen mit der Polizei über dreißig Menschen getötet, Tausende verletzt. King versuchte, zwischen den Behörden und den Aufständischen zu vermitteln, und besuchte die schwarzen Ghettos in anderen Großstädten wie New York, Detroit und Chicago, wo die Lage ähnlich explosiv war. Den Aufruhr mit Gewalt niederzuschlagen, war für ihn keine langfristige Lösung. Vielmehr galt es, die Wurzeln der Missstände zu erkennen und diese zu beseitigen.

Viele Schwarze gingen in der Hoffnung auf ein besseres Leben in den Norden und gerieten in den Slums der Städte in einen Teufelskreis. Weil sie eine schlechte Ausbildung hatten, bekamen sie keine Arbeit und mussten von Sozialhilfe leben. Mit dem wenigen Geld blieb ihnen nichts anderes übrig, als die schäbigen, überteuerten Wohnungen im Ghetto zu mieten und ihre Kinder in schlechte, überfüllte Schulen zu schicken, womit das Elend von Neuem begann. Aus diesem Alptraum gab es kein Entrinnen. Inmitten einer weißen Überflussgesellschaft waren die Slums Orte der Armut, Drogen, Prostitution und Gewalt. Einen Ausweg aus diesem Elend gab es nur, wenn man das Ausbildungsniveau anhob, skrupellose weiße Vermieter zur Rechenschaft zog, die Wohnsituation verbesserte und Arbeitsplätze schuf.

Martin Luther King beschloss, die Freiheitsbewegung über die Grenzen des Südens hinauszutragen in die Großstädte des Nordens. Um seine Solidarität mit den Bewohnern zu zeigen, zog er im Januar 1966 mit seiner Familie in eine heruntergekommene Wohnung in »Slumdale«, einem »Negerviertel« in Chicago. Die Zimmer waren dreckig und kalt, es stank nach Urin und im Hauseingang lagen Betrunkene. King und seine Helfer hielten Versammlungen ab, um sich die Probleme der Bewohner anzuhören und sie vom Weg eines gewaltlosen Widerstands zu überzeugen. Das war nicht einfach, denn gerade die jüngeren Leute setzten auf Gewalt.

Eines Tages kamen die Anführer berüchtigter Jugendbanden, die sich »Cobras« oder »Vice Lords« nannten, in die Wohnung der Kings. Sie wollten den berühmten »Dr. King« sehen, obwohl sie andere Führer des schwarzen Protestes wie Malcolm X oder Stokely Carmichael mehr bewunderten. Malcolm X, der 1965 erschossen worden war, hatte King kritisiert als »Onkel Tom«, das heißt als jemanden, der sich von den weißen Amerikanern hatte vereinnahmen lassen, indem er den Schwarzen predigte, sich nicht

zu wehren. Malcolm X hatte zur gewalttätigen Gegen-
wehr aufgerufen und wollte mit seiner Bewegung der
»Black Muslims« eine eigene schwarze Nation schaffen.

Mehr noch als Malcolm X stand Stokely Carmichael
für eine militante Haltung. Er begeisterte die schwarze Jugend, weil er die herkömmlichen Vorstellungen
und Werte umdrehte und ihr damit einen neuen
Stolz gab. Nicht die weiße Rasse sei der schwarzen
überlegen, so seine Botschaft, sondern umgekehrt.
»Black is beautiful« – farbige Menschen seien schö-
ner und wertvoller als weiße. Eine Zusammenarbeit
mit den weißen Unterdrückern lehnte er strikt ab.

Bei einem gemeinsamen Friedensmarsch mit Martin Luther King im Sommer 1966 durch Mississippi
prägte Carmichael das Schlagwort von der »Black Po-
wer«, das King für sich auf keinen Fall übernehmen
wollte. Seiner Ansicht nach liefen die Anschauungen
von Malcolm X und Carmichael auf einen anderen
Rassismus hinaus. Wer zu Gewalt aufrufe, so meinte
er in einer Rede, begebe sich auf das Niveau der Un-
terdrücker. »Ich habe Gewalt satt«, rief er seinen Zuhörern zu. »Ich werde keine Gewalt gebrauchen, wer
auch immer sagt, ich solle es tun.«[18]

In langen Gesprächen mit den Bandenmitgliedern

16. *8. Juni 1966: »March against Fear« von Memphis nach Jackson*

in Chicago konnte King viele Jugendliche von seiner Haltung überzeugen, und schließlich boten sie ihm sogar an, für seinen Schutz zu sorgen. Tatsächlich begleiteten ihn die »Blackstone Rangers« bei einem Protestmarsch durch ein weißes Wohngebiet. Nie, auch nicht im Süden, war King und seinen Mitstreitern ein solcher Hass entgegengeschlagen wie hier. Vom Straßenrand wurden sie als »Nigger« und »Affen« beschimpft und mit Steinen und Flaschen beworfen. Die Bandenmitglieder blieben friedlich, konnten aber nicht verhindern, dass King von einem Ziegelstein am Kopf getroffen wurde. Er marschierte weiter.

Höhepunkt der Aktionen in Chicago war ein Marsch von etwa dreißigtausend Menschen zum Rathaus. King machte dabei seinem Namen alle Ehre. Wie sein Namensvetter Martin Luther, der im Jahr 1517 seine fünfundneunzig Thesen an die Tür der Schlosskirche in Wittenberg genagelt haben soll, so heftete jetzt Martin Luther King ein Plakat mit seinen Forderungen an die Tür des Rathauses von Chicago: Schluss mit der Polizeigewalt, Jobs für die schwarze Bevölkerung, Auflösung der Ghettos, gemischte Wohngebiete, bessere Stadtplanung etc.

BOMBEN AUF VIETNAM

Bisher hatte King immer mit Unterstützung aus dem Weißen Haus rechnen können. Damit war es jetzt vorbei. Sehr zum Ärger von Präsident Johnson hatte er nämlich die Rolle Amerikas im Vietnamkrieg kritisiert. Um die Ausweitung des Kommunismus zu verhindern, unterstützte die amerikanische Regierung die Machthaber in Südvietnam in ihrem Kampf gegen den kommunistischen Norden des Landes. Unter Präsident Johnson steigerte sich diese Unterstützung zu einem massiven militärischen Einsatz. Ein Großteil der amerikanischen Bevölkerung stand hinter dem Präsidenten. Wer Kritik am Vietnamkrieg äußerte, galt als unamerikanisch oder als »Kommunist«. Mitarbeiter Kings warnten ihn davor, sich öffentlich gegen die Regierung zu stellen, weil er damit die erreichten Fortschritte in der Bürgerrechtsbewegung gefährde. Er solle sich, so rieten ihm seine Gegner, um seinen »eigenen Kram« kümmern und sich aus der Außenpolitik heraushalten.

Als Friedensnobelpreisträger war es für King selbstverständlich, gegen diesen grausamen und sinnlosen Krieg zu protestieren und nicht zu schweigen oder sich berechnend zu verhalten. In einer Rede meinte er: »Die Feigheit fragt: Ist es sicher? Die Zweckmäßigkeit fragt: ist es diplomatisch? Und dann kommt die Eitelkeit und fragt: Ist es populär? Aber das Gewissen fragt: Ist es recht?«[19] Die Bomben auf Vietnam waren für King nicht recht. Frauen und Kinder mit Napalm zu verbrennen, war nicht recht.

Die Bomben fielen für King auch im eigenen Land. Sie zerstörten die Hoffnung auf ein anderes, friedliebendes Amerika und vergifteten die Seelen der Menschen mit Hass und einem paranoiden Antikommunismus. Diese Bomben hingen unmittelbar mit den sozialen Problemen im Land zusammen. Tausende von Afroamerikanern waren als Soldaten eingezogen worden. In Vietnam kämpften sie für ein Vaterland, das ihnen zu Hause Bürgerrechte verwehrte und sie in Slums einsperrte. King machte es wütend, wenn er daran dachte, welche Unsummen der Krieg verschlang, ein Geld, das sinnvoller zur Verbesserung der sozialen Lage vieler Amerikaner am Rand der Gesellschaft hätte verwendet werden können. King rechnete der Regierung vor, dass man für jeden getöteten Feind über dreihunderttausend Dollar ausgab, in den staatlichen Programmen zur Bekämpfung der Armut jedoch für eine Person nur dreiundfünfzig Dollar zur Verfügung standen. Er sei gezwungen, so King in einer Rede im November 1967, »im Krieg nicht nur ein moralisches Verbrechen, sondern auch einen Feind der Armen zu sehen und als solchen zu bekämpfen«[20].

Aus diesen Gedanken entwickelte King eine neue großartige, aber gewagte Idee – einen Marsch der Armen nach Washington. An dieser Aktion sollten nicht nur Afroamerikaner teilnehmen, sondern Menschen aller Rassen, ethnischer Herkunft und Hautfarbe, ob schwarz, rot oder gelb, und natürlich auch weiß. Dieser Marsch sollte die größte je dagewesene Demonstration gegen einen falschen Kapitalismus, gegen Militarismus und Rassismus werden. Sogar engste Freunde waren von dieser Idee überrascht und rieten King davon ab. Einen solchen Marsch zu organisieren sei eine kaum zu bewältigende Mammutaufgabe. Außerdem seien bei den zu erwartenden Menschenmassen Unruhen und Ausschreitungen nicht zu verhindern. Für Präsident Johnson war die Vorstellung eines Heers von Armen vor dem Weißen Haus ein Albtraum, und er drohte damit, notfalls Militär einzusetzen.

King ging mit seiner Idee ein großes Risiko ein. Er war von allen Seiten Kritik ausgesetzt, wegen seines

Einsatzes gegen den Vietnamkrieg, wegen seiner Kampagne in Chicago. Sollte der Marsch auf Washington scheitern oder in einem Desaster enden, dann wäre sein Weg eines gewaltlosen Widerstands schwer beschädigt. Manche sahen schon Kings Niederlage voraus und nannten ihn Martin »Looser« King, also den Verlierer. Wieder andere wünschten sich nicht nur seinen Sturz, sondern auch seinen Tod. Dass er ständig Morddrohungen erhielt, daran hatte sich King schon gewöhnt. Schwerer, als er es sich anmerken ließ, belastete ihn jedoch, dass es Leute gab, die ein Kopfgeld auf ihn aussetzten. An seinem Plan hielt er dennoch fest. Ende April 1968 sollte der Marsch beginnen.

MÜLLMÄNNER UND KOPFGELDJÄGER

Die Vorbereitungen zum Marsch wurden von einem Hilferuf aus Memphis in Tennessee unterbrochen. Dort hatte die Stadtverwaltung die farbigen Müllmänner gegenüber ihren weißen Arbeitskollegen benachteilig und die Forderungen der schwarzen Gewerkschaft nicht anerkannt. Auf einen Streik der Müllmänner hatte die Polizei mit Tränengas und Schlagstöcken reagiert. King wurde gebeten, nach Memphis zu kommen, um den Protest zu unterstützen.

Am 28. März stand Martin Luther King an der Spitze eines Demonstrationszuges durch die Stadt. Er wusste nicht, dass jugendliche Banden sich vorgenommen hatten, Randale zu machen. Bald flogen die ersten Steine, Autos wurden angezündet und Geschäfte geplündert. Die Demonstration wurde abgebrochen, aber die Gewalt ging weiter, und am Ende waren ein toter schwarzer Jugendlicher und viele Verletzte zu beklagen.

Der gescheiterte Protest war Wasser auf den Mühlen jener Skeptiker, die bezweifelten, dass eine Kundgebung von solchem Ausmaß ohne Gewalt durchgeführt werden kann. Im Hinblick auf den Marsch der Armen musste King beweisen, dass auch große Massendemonstrationen friedlich verlaufen können. Ein zweiter Marsch in Memphis Anfang April sollte den Beweis dafür liefern.

King und seine Mitarbeiter waren im Lorraine-Motel untergekommen. Hier bereiteten sie den zweiten

Protestzug vor, der am 8. April stattfinden sollte. Am Donnerstag, den 4. April, waren King und einige seiner Freunde bei einem Pfarrer aus Memphis zum Abendessen eingeladen. Als King auf dem Balkon des Motels auf seinen Freund Ralph Abernathy wartete, war ein lauter Knall zu hören. King wurde nach hinten geschleudert. Ein Geschoss hatte ihm das Gesicht zerfetzt. Man brachte ihn ins Krankenhaus. Aber er war nicht mehr zu retten. Coretta King, die sofort nach Memphis fliegen wollte, erreichte noch am Flughafen in Atlanta die Nachricht, dass ihr Mann tot sei.

Als Täter wurde James Earl Ray verhaftet. Ein Gewehr mit seinen Fingerabdrücken war in der Nähe des Tatorts gefunden worden. Ray wurde zu einer lebenslangen Gefängnisstrafe verurteilt und behauptete später, Opfer einer Verschwörung zu sein.

Der Trauergottesdienst für Martin Luther King fand am 9. April 1968 in der Ebenezer-Kirche in Atlanta statt. Anschließend wurde der schlichte Holzsarg auf einem von zwei Maultieren gezogenen Bauernwagen zum Friedhof geleitet. Tausende Menschen folgten dem Sarg oder säumten die Straßen. Coretta hatte sich gewünscht, dass beim Gottesdienst ein Tonband abgespielt wird mit einer Rede, die King im

17. *Martin Luther King, Jesse Jackson und Ralph Abernathy
    auf dem Balkon des Lorraine Motel, einen Tag vor dem
    Attentat am 4. April 1968*

Februar in der Ebenezer-Kirche gehalten hatte. Damals waren die Menschen bestürzt darüber gewesen, dass King über seinen eigenen Tod gesprochen hatte. Er wünschte sich, dass an seinem Grab nicht sein Nobelpreis und die anderen vielen Auszeichnungen erwähnt werden. Man solle lediglich sagen, dass er versucht habe, seinen Nächsten zu lieben, dass er den Vietnamkrieg verabscheut habe und ein Vorkämpfer des Friedens gewesen sei. »Ich werde kein Geld hinterlassen. Ich werde keine vornehmen und luxuriösen Dinge hinterlassen. Ich möchte nur ein hingebungsvolles Leben hinterlassen.«

Martin Luther King wurde auf dem South View Cemetery in Atlanta beerdigt. Auf seinem Grabstein stehen die Worte aus dem alten Negro spiritual, die er am Ende seiner großen Rede in Washington gesprochen hatte:

»Free at last, free at last, thank God Almighty, we are free at last«.

18. Trauermarsch am 9. April 1968

QUELLENVERZEICHNIS

1 MLK, *An Autobiography of Religious Development*, in: The Papers of Martin Luther King, Band 1, Berkeley [u.a.]: Univ. of California Press, 1992, 359-363

2 MLK, *Freiheit*, S. 108

3 MLK, *Kraft zum Lieben*, S. 92

4 MLK, *Freiheit*, 31

5 MLK, *Freiheit*, S. 124

6 Coretta Scott King, Mein Leben mit Martin Luther King, Gütersloh: Gütersloher Verlagshaus 1977, S. 140

7 Albert Scharenberg, Martin Luther King, Freiburg: Herder 2011, S. 43

8 Rede in: Coretta Scott King, S. 291 ff.; The Papers of Martin Luther King Jr., Bd. 4, S. 487

9 Brief von J. Raymond Henderson vom 17. Sept. 1958, Papers …, Bd. 4, S. 496 f.

10 MLK, *My Trip to the Land of Gandhi*, Papers …, Bd. 5, S. 231-238

11 MLK, *Aufruf zum zivilen Ungehorsam*, Düsseldorf: Econ-Verlag 1969

12 MLK, *Kraft zum Lieben*, S. 96

13 MLK, in: Papers …, Bd. 7, S. 111-123

14 Der Brief aus dem Gefängnis in Birmingham ist abgedruckt in: MLK, *Freiheit*, S. 185-205, hier S. 196 f.

15 Siehe: The FBI's War on King: http://americanradioworks. publicradio.org/features/king/d2a.html

16 Siehe: http://www.king-code.de/und https://www.welt.de/

geschichte/article132199340/Wie-Martin-Luther-King-Ost-Berlin-bewegte.html

17 MLK, *Kraft zum Lieben*, S. 191

18 Nach: Stephen B. Oates, Martin Luther King, München: Heyne 1986, S. 474

19 Scharenberg, a. a. O., S. 147

20 Gerd Pressler, Martin Luther King, Jr., Reinbek: Rowohlt 1984, S. 120

SCHRIFTEN MARTIN LUTHER KINGS:

– *Freiheit. Aufbruch der Neger Nordamerikas. Bericht über den Busstreik in Montgomery*, Kassel; Oncken Verlag 1964 (*Stride Toward Freedom*)

– *Kraft zum Lieben*, Konstanz: Bahn 1964 (*Strength to love*)

– *Warum wir nicht warten können*, Düsseldorf: Econ 1964 (*Why we can't wait*)

– *Wohin führt unser Weg?*, Düsseldorf: Econ 1968 (*Where do we go from here?*)

– *Aufruf zum zivilen Ungehorsam*, Düsseldorf: Econ 1969 (*The trumpet of conscience*)

– *Testament der Hoffnung*. Letzte Reden, Aufsätze und Predigten, Gütersloh: Mohn 1976